Published by Dietteria

mi Diario de Dieta

love your BODY

Mis medidas

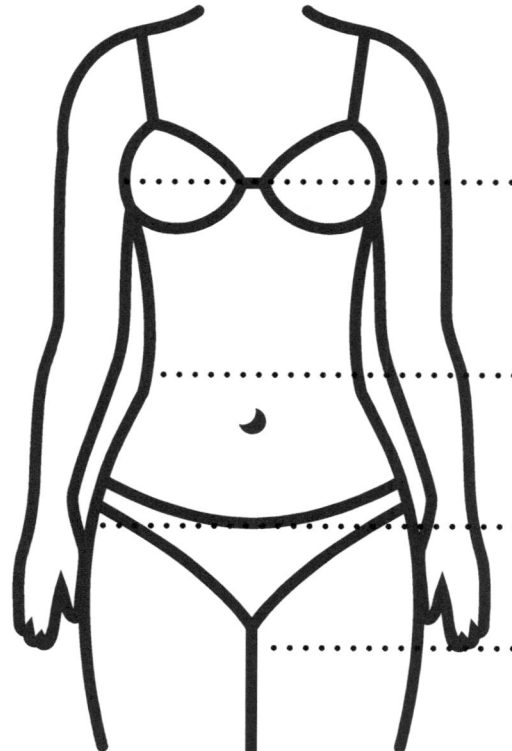

···················· IMC

····················· Pecho

····················· Cintura

····················· Trasero

····················· Caderas

Peso actual

Porcentaje de grasa
corporal

·····················

·····················

Mi objetivo

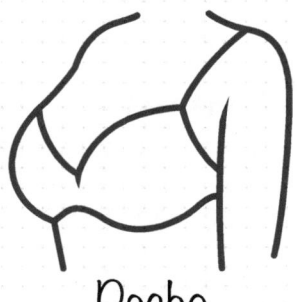

Pecho

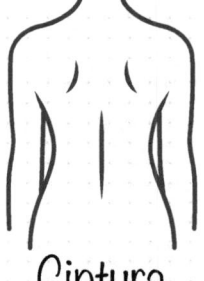

Cintura

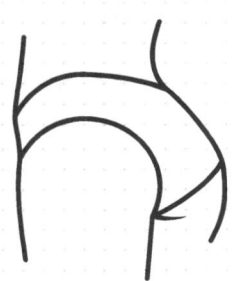

Trasero

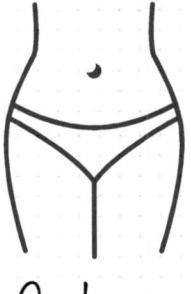

Caderas

Peso objetivo

IMC

Porcentaje de grasa
corporal

Día de dieta:
fecha
....../ ....../ ....

Desayuno
· ·
· ·
· ·
· CALORÍAS

Merende
· ·
· ·
· ·
· CALORÍAS

Almuerzo
· ·
· ·
· ·
· CALORÍAS

Cena
· ·
· ·
· ·
· CALORÍAS

Actividad física/entrenamiento
· ·
· ·
· ·
· ·
DURACIÓN   CALORIE CONSUMATE

¿Has bebido lo suficiente?
1 BOTELLA = 0,5 L DE AGUA (RECOMENDACIÓN DIARIA: 1,5 - 2 L)

Cálculo calórico
CALORÍAS TOTALES ....   DÉFICIT ☺

CALORÍAS OBJETIVO ....   EXCESO ☹

Notas del día

Clima:

Sueño

DORMÍ .... HORAS

ME DESPERTÉ .... VECES

Peso:

.... KG

Medidor de felicidad:

0 10 20 30 40 50 60 70 80 90 100

Estado de salud:

NOTAS ....

....

....

Estado de ánimo:

NOTAS ....

....

....

Cosas positivas/ logros

NOTAS ....

....

....

....

....

Cosas negativas/ pasos atrás

NOTAS ....

....

....

....

....

Notas, aprendizajes, objetivos y mejoras

....

....

....

....

Día de dieta:

fecha

....../ ..../ ....

Desayuno

· ·

· ·

· ·

· ·

CALORÍAS

Merende

· ·

· ·

· ·

· ·

CALORÍAS

Almuerzo

· ·

· ·

· ·

· ·

CALORÍAS

Cena

· ·

· ·

· ·

· ·

CALORÍAS

Actividad física/entrenamiento

· ·

· ·

· ·

· ·

DURACIÓN   CALORIE CONSUMATE

¿Has bebido lo suficiente?

1 BOTELLA = 0,5 L DE AGUA (RECOMENDACIÓN DIARIA: 1,5 - 2 L)

Cálculo calórico

CALORÍAS TOTALES ....

CALORÍAS OBJETIVO ....

DÉFICIT 😊

EXCESO ☹

Notas del día

Clima:

Sueño
DORMÍ .... HORAS
ME DESPERTÉ .... VECES

Peso:
.... KG

Medidor de felicidad:
0   10   20   30   40   50   60   70   80   90   100

Estado de salud:

Estado de ánimo:

NOTAS ....

....

....

NOTAS ....

....

....

Cosas positivas/ logros

Cosas negativas/ pasos atrás

NOTAS ....

....

....

....

....

NOTAS ....

....

....

....

....

Notas, aprendizajes, objetivos y mejoras

....

....

....

....

Día de dieta:

fecha
....../ ..../ ....

Desayuno

· ·
· ·
· ·
· CALORÍAS

Merende

· ·
· ·
· ·
· CALORÍAS

Almuerzo

· ·
· ·
· ·
· CALORÍAS

Cena

· ·
· ·
· ·
· CALORÍAS

Actividad física/entrenamiento

· ·
· ·
· ·
· ·

DURACIÓN   CALORIE CONSUMATE

¡Has bebido lo suficiente?

1 BOTELLA = 0,5 L DE AGUA (RECOMENDACIÓN DIARIA: 1,5 - 2 L)

Cálculo calórico

CALORÍAS TOTALES ....

CALORÍAS OBJETIVO ....

DÉFICIT ☺

EXCESO ☹

Notas del día

Clima:

Sueño

DORMÍ .... HORAS

ME DESPERTÉ .... VECES

Peso:

.... KG

Medidor de felicidad:

0   10   20   30   40   50   60   70   80   90   100

Estado de salud:

Estado de ánimo:

NOTAS ....

....

....

NOTAS ....

....

....

Cosas positivas/ logros

Cosas negativas/ pasos atrás

NOTAS ....

....

....

....

....

NOTAS ....

....

....

....

....

Notas, aprendizajes, objetivos y mejoras

....

....

....

....

Día de dieta:

fecha

....../ ..../ ....

Desayuno

· ·

· ·

· ·

· ·
CALORÍAS

Merende

· ·

· ·

· ·

· ·
CALORÍAS

Almuerzo

· ·

· ·

· ·
CALORÍAS

Cena

· ·

· ·

· ·
CALORÍAS

Actividad física/entrenamiento

· ·

· ·

· ·

· ·

DURACIÓN   CALORIE CONSUMATE

¿Has bebido lo suficiente?

1 BOTELLA = 0,5 L DE AGUA (RECOMENDACIÓN DIARIA: 1,5 - 2 L)

Cálculo calórico

CALORÍAS TOTALES ....

DÉFICIT ☺

CALORÍAS OBJETIVO ....

EXCESO ☹

Notas del día

Clima:

○   ○   ○   ○   ○

Sueño

DORMÍ .... HORAS

ME DESPERTÉ .... VECES

Peso:

.... KG

Medidor de felicidad:

0   10   20   30   40   50   60   70   80   90   100

Estado de salud:

○   ○   ○   ○

NOTAS ....

....

....

Estado de ánimo:

○   ○   ○   ○

NOTAS ....

....

....

Cosas positivas/ logros

NOTAS ....

....

....

....

....

Cosas negativas/ pasos atrás

NOTAS ....

....

....

....

....

Notas, aprendizajes, objetivos y mejoras

....

....

....

....

Día de dieta:

fecha

....../ ..../ ....

Desayuno

· ·

· ·

· ·

· ·
CALORÍAS

Merende

· ·

· ·

· ·

· ·
CALORÍAS

Almuerzo

· ·

· ·

· ·

· ·
CALORÍAS

Cena

· ·

· ·

· ·

· ·
CALORÍAS

Actividad física/entrenamiento

· ·

· ·

· ·

· ·

DURACIÓN   CALORIE CONSUMATE

¿Has bebido lo suficiente?

1 BOTELLA = 0,5 L DE AGUA (RECOMENDACIÓN DIARIA: 1,5 - 2 L)

Cálculo calórico

CALORÍAS TOTALES ....

CALORÍAS OBJETIVO ....

DÉFICIT ☺

EXCESO ☹

Notas del día

Clima:

Sueño

DORMÍ .... HORAS

ME DESPERTÉ .... VECES

Peso:

.... KG

Medidor de felicidad:

0   10   20   30   40   50   60   70   80   90   100

Estado de salud:

Estado de ánimo:

NOTAS ....

....

....

NOTAS ....

....

....

Cosas positivas/ logros

Cosas negativas/ pasos atrás

NOTAS ....

....

....

....

....

NOTAS ....

....

....

....

....

Notas, aprendizajes, objetivos y mejoras

....

....

....

....

Día de dieta:

fecha

....../ ..../ ....

Desayuno

....

....

....

.... CALORÍAS

Merende

....

....

....

.... CALORÍAS

Almuerzo

....

....

....

.... CALORÍAS

Cena

....

....

....

.... CALORÍAS

Actividad física/entrenamiento

....

....

....

....

DURACIÓN   CALORIE CONSUMATE

¿Has bebido lo suficiente?

1 BOTELLA = 0,5 L DE AGUA (RECOMENDACIÓN DIARIA: 1,5 - 2 L)

Cálculo calórico

CALORÍAS TOTALES ....

CALORÍAS OBJETIVO ....

DÉFICIT ☺

EXCESO ☹

Notas del día

Clima:

Sueño

DORMÍ .... HORAS

ME DESPERTÉ .... VECES

Peso:

.... KG

Medidor de felicidad:

0   10   20   30   40   50   60   70   80   90   100

Estado de salud:

Estado de ánimo:

NOTAS . . . .

. . . .

. . . .

NOTAS . . . .

. . . .

. . . .

Cosas positivas/ logros

Cosas negativas/ pasos atrás

NOTAS . . . .

. . . .

. . . .

. . . .

. . . .

NOTAS . . . .

. . . .

. . . .

. . . .

. . . .

Notas, aprendizajes, objetivos y mejoras

. . . .

. . . .

. . . .

. . . .

Día de dieta:

fecha

....../ ..../ ....

Desayuno

· ·

· ·

· ·

· ·

CALORÍAS

Merende

· ·

· ·

· ·

· ·

CALORÍAS

Almuerzo

· ·

· ·

· ·

· ·

CALORÍAS

Cena

· ·

· ·

· ·

· ·

CALORÍAS

Actividad física/entrenamiento

· · · · · · · · · · · · · · · · · · ·   · · · · · · · · · ·   · · · · · · · · · · · · · · · ·

· · · · · · · · · · · · · · · · · · ·   · · · · · · · · · ·   · · · · · · · · · · · · · · · ·

· · · · · · · · · · · · · · · · · · ·   · · · · · · · · · ·   · · · · · · · · · · · · · · · ·

· · · · · · · · · · · · · · · · · · ·   · · · · · · · · · ·   · · · · · · · · · · · · · · · ·

DURACIÓN   CALORIE CONSUMATE

¿Has bebido lo suficiente?

1 BOTELLA = 0,5 L DE AGUA (RECOMENDACIÓN DIARIA: 1,5 - 2 L)

Cálculo calórico

CALORÍAS TOTALES ················

CALORÍAS OBJETIVO ·················

DÉFICIT 🙂

EXCESO 🙁

Notas del día

Clima:

Sueño

DORMÍ .... HORAS

ME DESPERTÉ .... VECES

Peso:

.... KG

Medidor de felicidad:

0 10 20 30 40 50 60 70 80 90 100

Estado de salud:

NOTAS . . . .

. . . .

. . . .

Estado de ánimo:

NOTAS . . . .

. . . .

. . . .

Cosas positivas/ logros

NOTAS . . . .

. . . .

. . . .

. . . .

. . . .

Cosas negativas/ pasos atrás

NOTAS . . . .

. . . .

. . . .

. . . .

. . . .

Notas, aprendizajes, objetivos y mejoras

. . . .

. . . .

. . . .

. . . .

Día de dieta:

fecha
......./ ..../ ....

Desayuno

· ·
· ·
· ·
· CALORÍAS

Merende

· ·
· ·
· ·
· CALORÍAS

Almuerzo

· ·
· ·
· ·
· CALORÍAS

Cena

· ·
· ·
· ·
· CALORÍAS

Actividad física/entrenamiento

· ·
· ·
· ·
· ·

DURACIÓN · · · · · CALORIE CONSUMATE

¡Has bebido lo suficiente?

1 BOTELLA = 0,5 L DE AGUA (RECOMENDACIÓN DIARIA: 1,5 - 2 L)

Cálculo calórico

CALORÍAS TOTALES ················

CALORÍAS OBJETIVO ··················

DÉFICIT :)

EXCESO :(

Notas del día

Clima:

Sueño

DORMÍ .... HORAS

ME DESPERTÉ .... VECES

Peso:

.... KG

Medidor de felicidad:

0   10   20   30   40   50   60   70   80   90   100

Estado de salud:

Estado de ánimo:

NOTAS ....

....

....

NOTAS ....

....

....

Cosas positivas/ logros

Cosas negativas/ pasos atrás

NOTAS ....

....

....

....

....

NOTAS ....

....

....

....

....

Notas, aprendizajes, objetivos y mejoras

....

....

....

....

Día de dieta:

fecha
....../ ....../ ....

Desayuno

· ·
· ·
· ·
· ·
CALORÍAS

Merende

· ·
· ·
· ·
· ·
CALORÍAS

Almuerzo

· ·
· ·
· ·
· ·
CALORÍAS

Cena

· ·
· ·
· ·
· ·
CALORÍAS

Actividad física/entrenamiento

· ·
· ·
· ·
· ·
DURACIÓN   CALORIE CONSUMATE

¡Has bebido lo suficiente?

1 BOTELLA = 0,5 L DE AGUA (RECOMENDACIÓN DIARIA: 1,5 - 2 L)

Cálculo calórico

CALORÍAS TOTALES ....   DÉFICIT 😊

CALORÍAS OBJETIVO ....   EXCESO ☹

Notas del día

Clima:

Sueño

DORMÍ .... HORAS

ME DESPERTÉ .... VECES

Peso:

.... KG

Medidor de felicidad:

0   10   20   30   40   50   60   70   80   90   100

Estado de salud:

Estado de ánimo:

NOTAS ....

....

....

NOTAS ....

....

....

Cosas positivas/ logros

Cosas negativas/ pasos atrás

NOTAS ....

....

....

....

....

NOTAS ....

....

....

....

....

Notas, aprendizajes, objetivos y mejoras

....

....

....

....

....

Día de dieta:

fecha

....../ ....../ ....

Desayuno

· ·

· ·

· ·

· ·

CALORÍAS

Merende

· ·

· ·

· ·

· ·

CALORÍAS

Almuerzo

· ·

· ·

· ·

· ·

CALORÍAS

Cena

· ·

· ·

· ·

· ·

CALORÍAS

Actividad física/entrenamiento

· ·

· ·

· ·

· ·

DURACIÓN   CALORIE CONSUMATE

¿Has bebido lo suficiente?

1 BOTELLA = 0,5 L DE AGUA (RECOMENDACIÓN DIARIA: 1,5 - 2 L)

Cálculo calórico

CALORÍAS TOTALES ....

CALORÍAS OBJETIVO ....

DÉFICIT ☺

EXCESO ☹

Notas del día

Clima:

Sueño

DORMÍ .... HORAS

ME DESPERTÉ .... VECES

Peso:

.... KG

Medidor de felicidad:

0   10   20   30   40   50   60   70   80   90   100

Estado de salud:

NOTAS . . . .

. . . .

. . . .

Estado de ánimo:

NOTAS . . . .

. . . .

. . . .

Cosas positivas/ logros

NOTAS . . . .

. . . .

. . . .

. . . .

. . . .

Cosas negativas/ pasos atrás

NOTAS . . . .

. . . .

. . . .

. . . .

. . . .

Notas, aprendizajes, objetivos y mejoras

....

....

....

....

Día de dieta:

fecha

....../ ..../ ....

Desayuno

. . . .

. . . .

. . . .

. . . .
CALORÍAS

Merende

. . . .

. . . .

. . . .

. . . .
CALORÍAS

Almuerzo

. . . .

. . . .

. . . .

. . . .
CALORÍAS

Cena

. . . .

. . . .

. . . .

. . . .
CALORÍAS

Actividad física/entrenamiento

. . . .

. . . .

. . . .

. . . .

DURACIÓN   CALORIE CONSUMATE

¡Has bebido lo suficiente?

1 BOTELLA = 0,5 L DE AGUA (RECOMENDACIÓN DIARIA: 1,5 - 2 L)

Cálculo calórico

CALORÍAS TOTALES ....

CALORÍAS OBJETIVO ....

DÉFICIT :)

EXCESO :(

Notas del día

Clima:

Sueño

DORMÍ .... HORAS
ME DESPERTÉ .... VECES

Peso:

.... KG

Medidor de felicidad:

0 10 20 30 40 50 60 70 80 90 100

Estado de salud:

Estado de ánimo:

NOTAS ....

....

....

NOTAS ....

....

....

Cosas positivas/ logros

Cosas negativas/ pasos atrás

NOTAS ....

....

....

....

....

NOTAS ....

....

....

....

....

Notas, aprendizajes, objetivos y mejoras

....

....

....

....

Día de dieta:

fecha

......./ ..../ ....

Desayuno

· ·

· ·

· ·

· ·
CALORÍAS

Merende

· ·

· ·

· ·

· ·
CALORÍAS

Almuerzo

· ·

· ·

· ·

· ·
CALORÍAS

Cena

· ·

· ·

· ·

· ·
CALORÍAS

Actividad física/entrenamiento

· ·

· ·

· ·

· ·
DURACIÓN   CALORIE CONSUMATE

¡Has bebido lo suficiente?

1 BOTELLA = 0,5 L DE AGUA (RECOMENDACIÓN DIARIA: 1,5 - 2 L)

Cálculo calórico

CALORÍAS TOTALES ....

CALORÍAS OBJETIVO ....

DÉFICIT ☺

EXCESO ☹

Notas del día

Clima:

Sueño

DORMÍ .... HORAS

ME DESPERTÉ .... VECES

Peso:

.... KG

Medidor de felicidad:

0 10 20 30 40 50 60 70 80 90 100

Estado de salud:

Estado de ánimo:

NOTAS ....

....

....

NOTAS ....

....

....

Cosas positivas/ logros

Cosas negativas/ pasos atrás

NOTAS ....

....

....

....

....

NOTAS ....

....

....

....

....

Notas, aprendizajes, objetivos y mejoras

....

....

....

....

Día de dieta:

fecha
........./........../.............

Desayuno

· ·
· ·
· ·
· ·
CALORÍAS

Merende

· ·
· ·
· ·
· ·
CALORÍAS

Almuerzo

· ·
· ·
· ·
· ·
CALORÍAS

Cena

· ·
· ·
· ·
· ·
CALORÍAS

Actividad física/entrenamiento

· ·
· ·
· ·
· ·

DURACIÓN   CALORIE CONSUMATE

¿Has bebido lo suficiente?

1 BOTELLA = 0,5 L DE AGUA (RECOMENDACIÓN DIARIA: 1,5 - 2 L)

Cálculo calórico

CALORÍAS TOTALES ....

CALORÍAS OBJETIVO ....

DÉFICIT ☺

EXCESO ☹

Notas del día

Clima:

Sueño

DORMÍ .... HORAS

ME DESPERTÉ .... VECES

Peso:

.... KG

Medidor de felicidad:

0 10 20 30 40 50 60 70 80 90 100

Estado de salud:

Estado de ánimo:

NOTAS ....

....

....

NOTAS ....

....

....

Cosas positivas/ logros

Cosas negativas/ pasos atrás

NOTAS ....

....

....

....

....

NOTAS ....

....

....

....

....

Notas, aprendizajes, objetivos y mejoras

....

....

....

....

Día de dieta:

fecha
......./ ..../ ....

Desayuno

· ·

· ·

· ·

· · · · · · · · · · · · · · · · · · · CALORÍAS

Merende

· ·

· ·

· ·

· · · · · · · · · · · · · · · · · · · CALORÍAS

Almuerzo

· ·

· ·

· ·

· · · · · · · · · · · · · · · · · · · CALORÍAS

Cena

· ·

· ·

· ·

· · · · · · · · · · · · · · · · · · · CALORÍAS

Actividad física/entrenamiento

· ·

· ·

· ·

· ·

DURACIÓN   CALORIE CONSUMATE

¿Has bebido lo suficiente?

1 BOTELLA = 0,5 L DE AGUA (RECOMENDACIÓN DIARIA: 1,5 - 2 L)

Cálculo calórico

CALORÍAS TOTALES ....

CALORÍAS OBJETIVO ....

DÉFICIT   ☺

EXCESO   ☹

Notas del día

Clima:

Sueño

DORMÍ .... HORAS

ME DESPERTÉ .... VECES

Peso:

.... KG

Medidor de felicidad:

0 10 20 30 40 50 60 70 80 90 100

Estado de salud:

Estado de ánimo:

NOTAS ....

....

....

NOTAS ....

....

....

Cosas positivas/ logros

Cosas negativas/ pasos atrás

NOTAS ....

....

....

....

....

NOTAS ....

....

....

....

....

Notas, aprendizajes, objetivos y mejoras

....

....

....

....

Día de dieta:

....../ ....../ ....
fecha

Desayuno

· ·
· ·
· ·
· ·

CALORÍAS

Merende

· ·
· ·
· ·
· ·

CALORÍAS

Almuerzo

· ·
· ·
· ·
· ·

CALORÍAS

Cena

· ·
· ·
· ·
· ·

CALORÍAS

Actividad física/entrenamiento

· ·
· ·
· ·
· ·

DURACIÓN   CALORIE CONSUMATE

¡Has bebido lo suficiente?

1 BOTELLA = 0,5 L DE AGUA (RECOMENDACIÓN DIARIA: 1,5 - 2 L)

Cálculo calórico

CALORÍAS TOTALES ....   DÉFICIT ☺

CALORÍAS OBJETIVO ....   EXCESO ☹

Notas del día

Clima:

Sueño

DORMÍ .... HORAS
ME DESPERTÉ .... VECES

Peso:

.... KG

Medidor de felicidad:

0 10 20 30 40 50 60 70 80 90 100

Estado de salud:

Estado de ánimo:

NOTAS ....

....

....

NOTAS ....

....

....

Cosas positivas/ logros

Cosas negativas/ pasos atrás

NOTAS ....

....

....

....

....

NOTAS ....

....

....

....

....

Notas, aprendizajes, objetivos y mejoras

....

....

....

....

Día de dieta:

fecha

....../ ..../ ....

Desayuno

· ·

· ·

· ·

· CALORÍAS

Merende

· ·

· ·

· ·

· CALORÍAS

Almuerzo

· ·

· ·

· ·

· CALORÍAS

Cena

· ·

· ·

· ·

· CALORÍAS

Actividad física/entrenamiento

· ·

· ·

· ·

· ·

DURACIÓN   CALORIE CONSUMATE

¡Has bebido lo suficiente?

1 BOTELLA = 0,5 L DE AGUA (RECOMENDACIÓN DIARIA: 1,5 - 2 L)

Cálculo calórico

CALORÍAS TOTALES ....

CALORÍAS OBJETIVO ....

DÉFICIT

EXCESO

Notas del día

Clima:

○   ○   ○   ○   ○

Sueño

DORMÍ .... HORAS

ME DESPERTÉ .... VECES

Peso:

.... KG

Medidor de felicidad:

0   10   20   30   40   50   60   70   80   90   100

Estado de salud:

○   ○   ○   ○

Estado de ánimo:

○   ○   ○   ○

NOTAS . . . .

. . . .

. . . .

NOTAS . . . .

. . . .

. . . .

Cosas positivas/ logros

Cosas negativas/ pasos atrás

NOTAS . . . .

. . . .

. . . .

. . . .

. . . .

NOTAS . . . .

. . . .

. . . .

. . . .

. . . .

Notas, aprendizajes, objetivos y mejoras

. . . .

. . . .

. . . .

. . . .

Día de dieta: ⟨........⟩

fecha
....../ ..../ ....

Desayuno

· ·
· ·
· ·
· CALORÍAS

Merende

· ·
· ·
· ·
· CALORÍAS

Almuerzo

· ·
· ·
· ·
· CALORÍAS

Cena

· ·
· ·
· ·
· CALORÍAS

Actividad física/entrenamiento

· ·
· ·
· ·
· ·

DURACIÓN   CALORIE CONSUMATE

¡Has bebido lo suficiente?

1 BOTELLA = 0,5 L DE AGUA (RECOMENDACIÓN DIARIA: 1,5 - 2 L)

Cálculo calórico

CALORÍAS TOTALES ....

CALORÍAS OBJETIVO ....

DÉFICIT :)

EXCESO :(

Notas del día

Clima:

Sueño

DORMÍ .... HORAS

ME DESPERTÉ .... VECES

Peso:

.... KG

Medidor de felicidad:

0 10 20 30 40 50 60 70 80 90 100

Estado de salud:

Estado de ánimo:

NOTAS ....

....

....

NOTAS ....

....

....

Cosas positivas/ logros

NOTAS ....

....

....

....

....

Cosas negativas/ pasos atrás

NOTAS ....

....

....

....

....

Notas, aprendizajes, objetivos y mejoras

....

....

....

....

Día de dieta:

fecha

....../ ....../ ....

Desayuno

· ·

· ·

· ·

· ·

CALORÍAS

Merende

· ·

· ·

· ·

· ·

CALORÍAS

Almuerzo

· ·

· ·

· ·

· ·

CALORÍAS

Cena

· ·

· ·

· ·

· ·

CALORÍAS

Actividad física/entrenamiento

· ·

· ·

· ·

· ·

DURACIÓN   CALORIE CONSUMATE

¡Has bebido lo suficiente?

1 BOTELLA = 0,5 L DE AGUA (RECOMENDACIÓN DIARIA: 1,5 - 2 L)

Cálculo calórico

CALORÍAS TOTALES ....   DÉFICIT ☺

CALORÍAS OBJETIVO ....   EXCESO ☹

Notas del día

Clima:

Sueño

DORMÍ .... HORAS

ME DESPERTÉ .... VECES

Peso:

.... KG

Medidor de felicidad:

0 10 20 30 40 50 60 70 80 90 100

Estado de salud:

Estado de ánimo:

NOTAS ....

....

....

NOTAS ....

....

....

Cosas positivas/ logros

Cosas negativas/ pasos atrás

NOTAS ....

....

....

....

....

NOTAS ....

....

....

....

....

Notas, aprendizajes, objetivos y mejoras

....

....

....

....

Día de dieta:

fecha

....../ ....../ ....

Desayuno

· · · · · · · · · · · · · · · · ....

· · · · · · · · · · · · · · · · ....

· · · · · · · · · · · · · · · · ....

· · · · · · · · · · · · · · · · CALORÍAS

Merende

· · · · · · · · · · · · · · · · ....

· · · · · · · · · · · · · · · · ....

· · · · · · · · · · · · · · · · ....

· · · · · · · · · · · · · · · · CALORÍAS

Almuerzo

· · · · · · · · · · · · · · · · ....

· · · · · · · · · · · · · · · · ....

· · · · · · · · · · · · · · · · ....

· · · · · · · · · · · · · · · · CALORÍAS

Cena

· · · · · · · · · · · · · · · · ....

· · · · · · · · · · · · · · · · ....

· · · · · · · · · · · · · · · · ....

· · · · · · · · · · · · · · · · CALORÍAS

Actividad física/entrenamiento

· ....

· ....

· ....

· ....

DURACIÓN   CALORIE CONSUMATE

¿Has bebido lo suficiente?

1 BOTELLA = 0,5 L DE AGUA (RECOMENDACIÓN DIARIA: 1,5 - 2 L)

Cálculo calórico

CALORÍAS TOTALES ....

CALORÍAS OBJETIVO ....

DÉFICIT 😊

EXCESO 🙁

Notas del día

Clima:

○ ○ ○ ○ ○

Sueño

DORMÍ .... HORAS

ME DESPERTÉ .... VECES

Peso:

.... KG

Medidor de felicidad:

0   10   20   30   40   50   60   70   80   90   100

Estado de salud:

○ ○ ○ ○

Estado de ánimo:

○ ○ ○ ○

NOTAS ....

....

....

NOTAS ....

....

....

Cosas positivas/ logros

NOTAS ....

....

....

....

....

Cosas negativas/ pasos atrás

NOTAS ....

....

....

....

....

Notas, aprendizajes, objetivos y mejoras

....

....

....

....

Día de dieta:

fecha
......./ ..../ ....

Desayuno

· ·
· ·
· ·
· CALORÍAS

Merende

· ·
· ·
· ·
· CALORÍAS

Almuerzo

· ·
· ·
· ·
· CALORÍAS

Cena

· ·
· ·
· ·
· CALORÍAS

Actividad física/entrenamiento

· ·
· ·
· ·
· ·

DURACIÓN   CALORIE CONSUMATE

¿Has bebido lo suficiente?

1 BOTELLA = 0,5 L DE AGUA (RECOMENDACIÓN DIARIA: 1,5 - 2 L)

Cálculo calórico

CALORÍAS TOTALES ....

CALORÍAS OBJETIVO ....

DÉFICIT ☺

EXCESO ☹

Notas del día

Clima:

Sueño

DORMÍ .... HORAS

ME DESPERTÉ .... VECES

Peso:

.... KG

Medidor de felicidad:

0   10   20   30   40   50   60   70   80   90   100

Estado de salud:

Estado de ánimo:

NOTAS . . . .

. . . .

. . . .

NOTAS . . . .

. . . .

. . . .

Cosas positivas/ logros

Cosas negativas/ pasos atrás

NOTAS . . . .

. . . .

. . . .

. . . .

. . . .

NOTAS . . . .

. . . .

. . . .

. . . .

. . . .

Notas, aprendizajes, objetivos y mejoras

. . . .

. . . .

. . . .

. . . .

Día de dieta:

fecha

....../ ..../ ....

Desayuno

· ·

· ·

· ·

· ·
CALORÍAS

Merende

· ·

· ·

· ·

· ·
CALORÍAS

Almuerzo

· ·

· ·

· ·

· ·
CALORÍAS

Cena

· ·

· ·

· ·

· ·
CALORÍAS

Actividad física/entrenamiento

· ·

· ·

· ·

· ·

DURACIÓN   CALORIE CONSUMATE

¡Has bebido lo suficiente?

1 BOTELLA = 0,5 L DE AGUA (RECOMENDACIÓN DIARIA: 1,5 - 2 L)

Cálculo calórico

CALORÍAS TOTALES ....   DÉFICIT :)

CALORÍAS OBJETIVO ....   EXCESO :(

Notas del día

Clima:

Sueño

DORMÍ .... HORAS

ME DESPERTÉ .... VECES

Peso:

.... KG

Medidor de felicidad:

0   10   20   30   40   50   60   70   80   90   100

Estado de salud:

Estado de ánimo:

NOTAS . . . .

. . . .

. . . .

NOTAS . . . .

. . . .

. . . .

Cosas positivas/ logros

Cosas negativas/ pasos atrás

NOTAS . . . .

. . . .

. . . .

. . . .

. . . .

NOTAS . . . .

. . . .

. . . .

. . . .

. . . .

Notas, aprendizajes, objetivos y mejoras

Día de dieta:

fecha
......./ ..../ ....

Desayuno

· ·

· ·

· ·

· ·
CALORÍAS

Merende

· ·

· ·

· ·

· ·
CALORÍAS

Almuerzo

· ·

· ·

· ·

· ·
CALORÍAS

Cena

· ·

· ·

· ·

· ·
CALORÍAS

Actividad física/entrenamiento

· ·

· ·

· ·

· ·
DURACIÓN   CALORIE CONSUMATE

¿Has bebido lo suficiente?

1 BOTELLA = 0,5 L DE AGUA (RECOMENDACIÓN DIARIA: 1,5 - 2 L)

Cálculo calórico

CALORÍAS TOTALES ....   DÉFICIT ☺

CALORÍAS OBJETIVO ....   EXCESO ☹

Notas del día

Clima:

○   ○   ○   ○   ○

Sueño

DORMÍ .... HORAS

ME DESPERTÉ .... VECES

Peso:

.... KG

Medidor de felicidad:

0   10   20   30   40   50   60   70   80   90   100

Estado de salud:

☺   ☺   😐   ☹
○   ○   ○   ○

NOTAS . . . .

. . . .

. . . .

Estado de ánimo:

☺   ☺   😐   ☹
○   ○   ○   ○

NOTAS . . . .

. . . .

. . . .

Cosas positivas/ logros

NOTAS . . . .

. . . .

. . . .

. . . .

. . . .

Cosas negativas/ pasos atrás

NOTAS . . . .

. . . .

. . . .

. . . .

. . . .

Notas, aprendizajes, objetivos y mejoras

Día de dieta:

fecha
...../ ....../ ....

Desayuno

· ·
· ·
· ·
· ·

CALORÍAS

Merende

· ·
· ·
· ·
· ·

CALORÍAS

Almuerzo

· ·
· ·
· ·
· ·

CALORÍAS

Cena

· ·
· ·
· ·
· ·

CALORÍAS

Actividad física/entrenamiento

· ·
· ·
· ·
· ·

DURACIÓN   CALORIE CONSUMATE

¿Has bebido lo suficiente?

1 BOTELLA = 0,5 L DE AGUA (RECOMENDACIÓN DIARIA: 1,5 - 2 L)

Cálculo calórico

CALORÍAS TOTALES ....

CALORÍAS OBJETIVO ....

DÉFICIT :)

EXCESO :(

Notas del día

Clima:

Sueño

DORMÍ .... HORAS

ME DESPERTÉ .... VECES

Peso:

.... KG

Medidor de felicidad:

0   10   20   30   40   50   60   70   80   90   100

Estado de salud:

Estado de ánimo:

NOTAS ....

....

....

NOTAS ....

....

....

Cosas positivas/ logros

Cosas negativas/ pasos atrás

NOTAS ....

....

....

....

....

NOTAS ....

....

....

....

....

Notas, aprendizajes, objetivos y mejoras

....

....

....

....

Día de dieta:

fecha

......./ ..../ ....

Desayuno

. . . .

. . . .

. . . .

. . . .

CALORÍAS

Merende

. . . .

. . . .

. . . .

. . . .

CALORÍAS

Almuerzo

. . . .

. . . .

. . . .

. . . .

CALORÍAS

Cena

. . . .

. . . .

. . . .

. . . .

CALORÍAS

Actividad física/entrenamiento

. . . .

. . . .

. . . .

. . . .

DURACIÓN   CALORIE CONSUMATE

¿Has bebido lo suficiente?

1 BOTELLA = 0,5 L DE AGUA (RECOMENDACIÓN DIARIA: 1,5 - 2 L)

Cálculo calórico

CALORÍAS TOTALES ....

CALORÍAS OBJETIVO ....

DÉFICIT ☺

EXCESO ☹

Notas del día

Clima:

Sueño

DORMÍ .... HORAS

ME DESPERTÉ .... VECES

Peso:

.... KG

Medidor de felicidad:

0   10   20   30   40   50   60   70   80   90   100

Estado de salud:

Estado de ánimo:

NOTAS . . . .

. . . .

. . . .

NOTAS . . . .

. . . .

. . . .

Cosas positivas/ logros

Cosas negativas/ pasos atrás

NOTAS . . . .

. . . .

. . . .

. . . .

. . . .

NOTAS . . . .

. . . .

. . . .

. . . .

. . . .

Notas, aprendizajes, objetivos y mejoras

. . . .

. . . .

. . . .

. . . .

Día de dieta:

fecha

....../......./.............

Desayuno

· ·

· ·

· ·

· ·

CALORÍAS

Merende

· ·

· ·

· ·

· ·

CALORÍAS

Almuerzo

· ·

· ·

· ·

· ·

CALORÍAS

Cena

· ·

· ·

· ·

· ·

CALORÍAS

Actividad física/entrenamiento

· · · · · · · · · · · · · · · · · · ·   · · · · · · · · · · ·   · · · · · · · · · · · · · · · ·

· · · · · · · · · · · · · · · · · · ·   · · · · · · · · · · ·   · · · · · · · · · · · · · · · ·

· · · · · · · · · · · · · · · · · · ·   · · · · · · · · · · ·   · · · · · · · · · · · · · · · ·

· · · · · · · · · · · · · · · · · · ·   · · · · · · · · · · ·   · · · · · · · · · · · · · · · ·

DURACIÓN   CALORIE CONSUMATE

¿Has bebido lo suficiente?

I BOTELLA = 0,5 L DE AGUA (RECOMENDACIÓN DIARIA: 1,5 - 2 L)

Cálculo calórico

CALORÍAS TOTALES ....

CALORÍAS OBJETIVO ....

DÉFICIT ☺

EXCESO ☹

Notas del día

Clima:

Sueño

DORMÍ .... HORAS

ME DESPERTÉ .... VECES

Peso:

.... KG

Medidor de felicidad:

0 10 20 30 40 50 60 70 80 90 100

Estado de salud:

Estado de ánimo:

NOTAS ....

....

....

Cosas positivas/ logros

NOTAS ....

....

....

....

....

Cosas negativas/ pasos atrás

NOTAS ....

....

....

....

....

Notas, aprendizajes, objetivos y mejoras

....

....

....

....

Día de dieta: ....

fecha
......../ ..../ ....

Desayuno

. . . .
. . . .
. . . .
. . . .

CALORÍAS

Merende

. . . .
. . . .
. . . .
. . . .

CALORÍAS

Almuerzo

. . . .
. . . .
. . . .
. . . .

CALORÍAS

Cena

. . . .
. . . .
. . . .
. . . .

CALORÍAS

Actividad física/entrenamiento

. . . .
. . . .
. . . .
. . . .

DURACIÓN   CALORIE CONSUMATE

¡Has bebido lo suficiente?

1 BOTELLA = 0,5 L DE AGUA (RECOMENDACIÓN DIARIA: 1,5 - 2 L)

Cálculo calórico

CALORÍAS TOTALES ....

CALORÍAS OBJETIVO ....

DÉFICIT :)

EXCESO :(

Notas del día

Clima:

Sueño

DORMÍ .... HORAS

ME DESPERTÉ .... VECES

Peso:

.... KG

Medidor de felicidad:

0 10 20 30 40 50 60 70 80 90 100

Estado de salud:

Estado de ánimo:

NOTAS ....

....

....

NOTAS ....

....

....

Cosas positivas/ logros

Cosas negativas/ pasos atrás

NOTAS ....

....

....

....

....

NOTAS ....

....

....

....

....

Notas, aprendizajes, objetivos y mejoras

Día de dieta:

fecha

......./ ..../ ....

Desayuno

· ·

· ·

· ·

· ·

CALORÍAS

Merende

· ·

· ·

· ·

· ·

CALORÍAS

Almuerzo

· ·

· ·

· ·

· ·

CALORÍAS

Cena

· ·

· ·

· ·

· ·

CALORÍAS

Actividad física/entrenamiento

· ·

· ·

· ·

· ·

DURACIÓN   CALORIE CONSUMATE

¿Has bebido lo suficiente?

1 BOTELLA = 0,5 L DE AGUA (RECOMENDACIÓN DIARIA: 1,5 - 2 L)

Cálculo calórico

CALORÍAS TOTALES ....

CALORÍAS OBJETIVO ....

DÉFICIT ☺

EXCESO ☹

Notas del día

Clima:

Sueño

DORMÍ .... HORAS

ME DESPERTÉ .... VECES

Peso:

.... KG

Medidor de felicidad:

0   10   20   30   40   50   60   70   80   90   100

Estado de salud:

Estado de ánimo:

NOTAS ....

....

....

NOTAS ....

....

....

Cosas positivas/ logros

NOTAS ....

....

....

....

....

Cosas negativas/ pasos atrás

NOTAS ....

....

....

....

....

Notas, aprendizajes, objetivos y mejoras

....

....

....

....

Día de dieta: ⟨........⟩

fecha
......./ ..../ ....

Desayuno

· ·
· ·
· ·
· ·
CALORÍAS

Merende

· ·
· ·
· ·
· ·
CALORÍAS

Almuerzo

· ·
· ·
· ·
· ·
CALORÍAS

Cena

· ·
· ·
· ·
· ·
CALORÍAS

Actividad física/entrenamiento

· ·
· ·
· ·
· ·
DURACIÓN   CALORIE CONSUMATE

¿Has bebido lo suficiente?

1 BOTELLA = 0,5 L DE AGUA (RECOMENDACIÓN DIARIA: 1,5 - 2 L)

Cálculo calórico

CALORÍAS TOTALES ....

CALORÍAS OBJETIVO ....

DÉFICIT ☺

EXCESO ☹

Notas del día

Clima:

○   ○   ○   ○   ○

Sueño

DORMÍ .... HORAS
ME DESPERTÉ .... VECES

Peso:

.... KG

Medidor de felicidad:

0   10   20   30   40   50   60   70   80   90   100

Estado de salud:

○   ○   ○   ○

Estado de ánimo:

○   ○   ○   ○

NOTAS . . . .

. . . .

. . . .

NOTAS . . . .

. . . .

. . . .

Cosas positivas/ logros

NOTAS . . . .

. . . .

. . . .

. . . .

. . . .

Cosas negativas/ pasos atrás

NOTAS . . . .

. . . .

. . . .

. . . .

. . . .

Notas, aprendizajes, objetivos y mejoras

. . . .

. . . .

. . . .

. . . .

SLOW
progress
IS
BETTER
than no
PROGRESS

Progreso

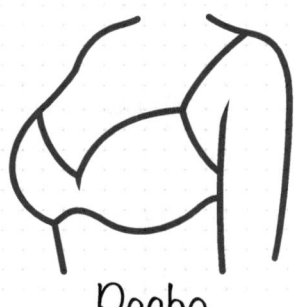

Pecho

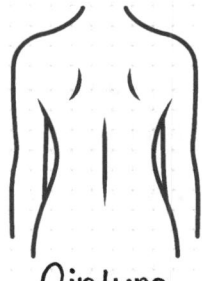

Cintura

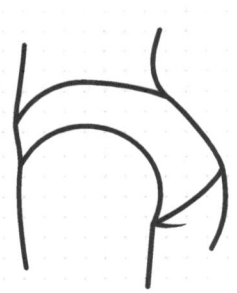

Trasero

Caderas

Peso

IMC

Porcentaje de
grasa corporal

Día de dieta:

fecha
......./ ..../ ....

Desayuno

· ·
· ·
· ·
· ·
CALORÍAS

Merende

· ·
· ·
· ·
· ·
CALORÍAS

Almuerzo

· ·
· ·
· ·
· ·
CALORÍAS

Cena

· ·
· ·
· ·
· ·
CALORÍAS

Actividad física/entrenamiento

· ·
· ·
· ·
· ·
DURACIÓN   CALORIE CONSUMATE

¡Has bebido lo suficiente?

1 BOTELLA = 0,5 L DE AGUA (RECOMENDACIÓN DIARIA: 1,5 - 2 L)

Cálculo calórico

CALORÍAS TOTALES ....

CALORÍAS OBJETIVO ....

DÉFICIT ☺

EXCESO ☹

Notas del día

Clima:

Sueño

DORMÍ .... HORAS

ME DESPERTÉ .... VECES

Peso:

.... KG

Medidor de felicidad:

0   10   20   30   40   50   60   70   80   90   100

Estado de salud:

Estado de ánimo:

NOTAS ....

....

....

NOTAS ....

....

....

Cosas positivas/ logros

NOTAS ....

....

....

....

....

Cosas negativas/ pasos atrás

NOTAS ....

....

....

....

....

Notas, aprendizajes, objetivos y mejoras

....

....

....

....

Día de dieta:

fecha
......./ ..../ ....

Desayuno

· ·

· ·

· ·

· ·
CALORÍAS

Merende

· ·

· ·

· ·

· ·
CALORÍAS

Almuerzo

· ·

· ·

· ·

· ·
CALORÍAS

Cena

· ·

· ·

· ·

· ·
CALORÍAS

Actividad física/entrenamiento

· · · · · · · · · · · · · · · · ·   · · · · · · · · · · ·   · · · · · · · · · ·

· · · · · · · · · · · · · · · · ·   · · · · · · · · · · ·   · · · · · · · · · ·

· · · · · · · · · · · · · · · · ·   · · · · · · · · · · ·   · · · · · · · · · ·

· · · · · · · · · · · · · · · · ·   · · · · · · · · · · ·
DURACIÓN   CALORIE CONSUMATE

¿Has bebido lo suficiente?

1 BOTELLA = 0,5 L DE AGUA (RECOMENDACIÓN DIARIA: 1,5 - 2 L)

Cálculo calórico

CALORÍAS TOTALES ....

CALORÍAS OBJETIVO ....

DÉFICIT ☺

EXCESO ☹

Notas del día

Clima:

Sueño

DORMÍ .... HORAS

ME DESPERTÉ .... VECES

Peso:

.... KG

Medidor de felicidad:

0   10   20   30   40   50   60   70   80   90   100

Estado de salud:

NOTAS . . . .

. . . .

. . . .

Estado de ánimo:

NOTAS . . . .

. . . .

. . . .

Cosas positivas/ logros

NOTAS . . . .

. . . .

. . . .

. . . .

. . . .

Cosas negativas/ pasos atrás

NOTAS . . . .

. . . .

. . . .

. . . .

. . . .

Notas, aprendizajes, objetivos y mejoras

. . . .

. . . .

. . . .

. . . .

Día de dieta:

fecha
......./ ..../ ....

Desayuno

· ·

· ·

· ·

· ·
CALORÍAS

Merende

· ·

· ·

· ·

· ·
CALORÍAS

Almuerzo

· ·

· ·

· ·

· ·
CALORÍAS

Cena

· ·

· ·

· ·

· ·
CALORÍAS

Actividad física/entrenamiento

· ·

· ·

· ·

· ·

DURACIÓN   CALORIE CONSUMATE

¡Has bebido lo suficiente?

1 BOTELLA = 0,5 L DE AGUA (RECOMENDACIÓN DIARIA: 1,5 - 2 L)

Cálculo calórico

CALORÍAS TOTALES ....

CALORÍAS OBJETIVO ....

DÉFICIT :)

EXCESO :(

Notas del día

Clima:

Sueño

DORMÍ .... HORAS

ME DESPERTÉ .... VECES

Peso:

.... KG

Medidor de felicidad:

0 10 20 30 40 50 60 70 80 90 100

Estado de salud:

Estado de ánimo:

NOTAS ....

....

....

NOTAS ....

....

....

Cosas positivas/ logros

NOTAS ....

....

....

....

....

Cosas negativas/ pasos atrás

NOTAS ....

....

....

....

....

Notas, aprendizajes, objetivos y mejoras

....

....

....

....

Día de dieta:

fecha
......../ ..../ ....

Desayuno

· ·
· ·
· ·
· ·

CALORÍAS

Merende

· ·
· ·
· ·
· ·

CALORÍAS

Almuerzo

· ·
· ·
· ·
· ·

CALORÍAS

Cena

· ·
· ·
· ·
· ·

CALORÍAS

Actividad física/entrenamiento

· ·
· ·
· ·
· ·

DURACIÓN   CALORIE CONSUMATE

¡Has bebido lo suficiente?

Cálculo calórico

1 BOTELLA = 0,5 L DE AGUA (RECOMENDACIÓN DIARIA: 1,5 - 2 L)

CALORÍAS TOTALES ....   DÉFICIT ☺

CALORÍAS OBJETIVO ....   EXCESO ☹

Notas del día

Clima:

Sueño

DORMÍ .... HORAS

ME DESPERTÉ .... VECES

Peso:

.... KG

Medidor de felicidad:

0 10 20 30 40 50 60 70 80 90 100

Estado de salud:

Estado de ánimo:

NOTAS . . . .

. . . .

. . . .

NOTAS . . . .

. . . .

. . . .

Cosas positivas/ logros

Cosas negativas/ pasos atrás

NOTAS . . . .

. . . .

. . . .

. . . .

. . . .

NOTAS . . . .

. . . .

. . . .

. . . .

. . . .

Notas, aprendizajes, objetivos y mejoras

. . . .

. . . .

. . . .

. . . .

Día de dieta:
fecha
......./ ..../ ....

Desayuno

· ·

· ·

· ·

· ·
CALORÍAS

Merende

· ·

· ·

· ·

· ·
CALORÍAS

Almuerzo

· ·

· ·

· ·

· ·
CALORÍAS

Cena

· ·

· ·

· ·

· ·
CALORÍAS

Actividad física/entrenamiento

· ·

· ·

· ·

· ·
DURACIÓN   CALORIE CONSUMATE

¡Has bebido lo suficiente?

1 BOTELLA = 0,5 L DE AGUA (RECOMENDACIÓN DIARIA: 1,5 - 2 L)

Cálculo calórico

CALORÍAS TOTALES ....   DÉFICIT ☺

CALORÍAS OBJETIVO ....   EXCESO ☹

Notas del día

Clima:

○ ○ ○ ○ ○

Sueño

DORMÍ .... HORAS

ME DESPERTÉ .... VECES

Peso:

.... KG

Medidor de felicidad:

0 10 20 30 40 50 60 70 80 90 100

Estado de salud:

☺ ☺ 😐 ☹
○ ○ ○ ○

Estado de ánimo:

☺ ☺ 😐 ☹
○ ○ ○ ○

NOTAS . . . .

. . . .

. . . .

NOTAS . . . .

. . . .

. . . .

Cosas positivas/ logros

NOTAS . . . .

. . . .

. . . .

. . . .

. . . .

Cosas negativas/ pasos atrás

NOTAS . . . .

. . . .

. . . .

. . . .

. . . .

Notas, aprendizajes, objetivos y mejoras

. . . .

. . . .

. . . .

. . . .

Día de dieta:

fecha
......../ ..../ ....

Desayuno

· ·
· ·
· ·
· ·
CALORÍAS

Merende

· ·
· ·
· ·
· ·
CALORÍAS

Almuerzo

· ·
· ·
· ·
· ·
CALORÍAS

Cena

· ·
· ·
· ·
· ·
CALORÍAS

Actividad física/entrenamiento

·   · · · · · · · · · · · · · · · · ·
·   · · · · · · · · · · · · · · · · ·
·   · · · · · · · · · · · · · · · · ·
·   · · · · · · · · · · · · · · · · ·
DURACIÓN   CALORIE CONSUMATE

¡Has bebido lo suficiente?

1 BOTELLA = 0,5 L DE AGUA (RECOMENDACIÓN DIARIA: 1,5 - 2 L)

Cálculo calórico

CALORÍAS TOTALES ....

CALORÍAS OBJETIVO ....

DÉFICIT ☺

EXCESO ☹

Notas del día

Clima:

Sueño

DORMÍ .... HORAS

ME DESPERTÉ .... VECES

Peso:

.... KG

Medidor de felicidad:

0 10 20 30 40 50 60 70 80 90 100

Estado de salud:

Estado de ánimo:

NOTAS ·

· ·

· ·

NOTAS ·

· ·

· ·

Cosas positivas/ logros

Cosas negativas/ pasos atrás

NOTAS ·

· ·

· ·

· ·

· ·

NOTAS ·

· ·

· ·

· ·

· ·

Notas, aprendizajes, objetivos y mejoras

· ·

· ·

· ·

· ·

Día de dieta:

fecha

......../ ..../ ....

Desayuno

· ·

· ·

· ·

· ·
                                    CALORÍAS

Merende

· ·

· ·

· ·

· ·
                                    CALORÍAS

Almuerzo

· ·

· ·

· ·

· ·
                                    CALORÍAS

Cena

· ·

· ·

· ·

· ·
                                    CALORÍAS

Actividad física/entrenamiento

·   ·

·   ·

·   ·

·   ·
                              DURACIÓN   CALORIE CONSUMATE

¿Has bebido lo suficiente?

1 BOTELLA = 0,5 L DE AGUA (RECOMENDACIÓN DIARIA: 1,5 - 2 L)

Cálculo calórico

CALORÍAS TOTALES · · · · · · · · · · · · · · ·   DÉFICIT ☺

CALORÍAS OBJETIVO · · · · · · · · · · · · · ·   EXCESO ☹

Notas del día

Clima:

○   ○   ○   ○   ○

Sueño

DORMÍ .... HORAS

ME DESPERTÉ .... VECES

Peso:

.... KG

Medidor de felicidad:

0 10 20 30 40 50 60 70 80 90 100

Estado de salud:

○   ○   ○   ○

Estado de ánimo:

○   ○   ○   ○

NOTAS ....

....

....

NOTAS ....

....

....

Cosas positivas/ logros

NOTAS ....

....

....

....

....

Cosas negativas/ pasos atrás

NOTAS ....

....

....

....

....

Notas, aprendizajes, objetivos y mejoras

....

....

....

....

Día de dieta:

fecha
....../ ....../ ....

Desayuno

· ·

· ·

· ·

· ·
CALORÍAS

Merende

· ·

· ·

· ·

· ·
CALORÍAS

Almuerzo

· ·

· ·

· ·

· ·
CALORÍAS

Cena

· ·

· ·

· ·

· ·
CALORÍAS

Actividad física/entrenamiento

·   · · · · · · · · · · · · · · · ·

·   · · · · · · · · · · · · · · · ·

·   · · · · · · · · · · · · · · · ·

·   · · · · · · · · · · · · · · · ·
DURACIÓN   CALORIE CONSUMATE

¿Has bebido lo suficiente?

1 BOTELLA = 0,5 L DE AGUA (RECOMENDACIÓN DIARIA: 1,5 - 2 L)

Cálculo calórico

CALORÍAS TOTALES ....

CALORÍAS OBJETIVO ....

DÉFICIT ☺

EXCESO ☹

Notas del día

Clima:

Sueño

DORMÍ .... HORAS
ME DESPERTÉ .... VECES

Peso:

.... KG

Medidor de felicidad:

0   10   20   30   40   50   60   70   80   90   100

Estado de salud:

Estado de ánimo:

NOTAS . . . .

. . . .

. . . .

NOTAS . . . .

. . . .

. . . .

Cosas positivas/ logros

Cosas negativas/ pasos atrás

NOTAS . . . .

. . . .

. . . .

. . . .

. . . .

NOTAS . . . .

. . . .

. . . .

. . . .

. . . .

Notas, aprendizajes, objetivos y mejoras

Día de dieta:

fecha

....../ ....../ ....

Desayuno

· ·
· ·
· ·
· ·

CALORÍAS

Merende

· ·
· ·
· ·
· ·

CALORÍAS

Almuerzo

· ·
· ·
· ·
· ·

CALORÍAS

Cena

· ·
· ·
· ·
· ·

CALORÍAS

Actividad física/entrenamiento

· ·
· ·
· ·
· ·

DURACIÓN   CALORIE CONSUMATE

¡Has bebido lo suficiente?

1 BOTELLA = 0,5 L DE AGUA (RECOMENDACIÓN DIARIA: 1,5 - 2 L)

Cálculo calórico

CALORÍAS TOTALES ....

CALORÍAS OBJETIVO ....

DÉFICIT :)

EXCESO :(

Notas del día

Clima:

○ ○ ○ ○ ○

Sueño

DORMÍ .... HORAS

ME DESPERTÉ .... VECES

Peso:

.... KG

Medidor de felicidad:

0 10 20 30 40 50 60 70 80 90 100

Estado de salud:

○ ○ ○ ○

Estado de ánimo:

○ ○ ○ ○

NOTAS . . . .

. . . .

. . . .

NOTAS . . . .

. . . .

. . . .

Cosas positivas/ logros

Cosas negativas/ pasos atrás

NOTAS . . . .

. . . .

. . . .

. . . .

. . . .

NOTAS . . . .

. . . .

. . . .

. . . .

. . . .

Notas, aprendizajes, objetivos y mejoras

. . . .

. . . .

. . . .

. . . .

Día de dieta:

fecha

......../ ..../ ....

Desayuno

· ·

· ·

· ·

· ·
CALORÍAS

Merende

· ·

· ·

· ·

· ·
CALORÍAS

Almuerzo

· ·

· ·

· ·

· ·
CALORÍAS

Cena

· ·

· ·

· ·

· ·
CALORÍAS

Actividad física/entrenamiento

· ·

· ·

· ·

· ·
DURACIÓN   CALORIE CONSUMATE

¡Has bebido lo suficiente?

1 BOTELLA = 0,5 L DE AGUA (RECOMENDACIÓN DIARIA: 1,5 - 2 L)

Cálculo calórico

CALORÍAS TOTALES ....   DÉFICIT ☺

CALORÍAS OBJETIVO ....   EXCESO ☹

Notas del día

Clima:

Sueño
DORMÍ .... HORAS
ME DESPERTÉ .... VECES

Peso:
.... KG

Medidor de felicidad:
0   10   20   30   40   50   60   70   80   90   100

Estado de salud:

Estado de ánimo:

NOTAS . . . .

. . . .

. . . .

NOTAS . . . .

. . . .

. . . .

Cosas positivas/ logros

Cosas negativas/ pasos atrás

NOTAS . . . .

. . . .

. . . .

. . . .

. . . .

NOTAS . . . .

. . . .

. . . .

. . . .

. . . .

Notas, aprendizajes, objetivos y mejoras

. . . .

. . . .

. . . .

. . . .

Día de dieta:

fecha
....../ ....../ ....

Desayuno

· ·
· ·
· ·
· ·
CALORÍAS

Merende

· ·
· ·
· ·
· ·
CALORÍAS

Almuerzo

· ·
· ·
· ·
· ·
CALORÍAS

Cena

· ·
· ·
· ·
· ·
CALORÍAS

Actividad física/entrenamiento

· ·
· ·
· ·
· ·
DURACIÓN   CALORIE CONSUMATE

¿Has bebido lo suficiente?

1 BOTELLA = 0,5 L DE AGUA (RECOMENDACIÓN DIARIA: 1,5 - 2 L)

Cálculo calórico

CALORÍAS TOTALES ....

CALORÍAS OBJETIVO ....

DÉFICIT 🙂

EXCESO 🙁

Notas del día

Clima:

Sueño

DORMÍ .... HORAS

ME DESPERTÉ .... VECES

Peso:

.... KG

Medidor de felicidad:

0   10   20   30   40   50   60   70   80   90   100

Estado de salud:

Estado de ánimo:

NOTAS . . . .

. . . .

. . . .

NOTAS . . . .

. . . .

. . . .

Cosas positivas/ logros

Cosas negativas/ pasos atrás

NOTAS . . . .

. . . .

. . . .

. . . .

. . . .

NOTAS . . . .

. . . .

. . . .

. . . .

. . . .

Notas, aprendizajes, objetivos y mejoras

....

....

....

....

Día de dieta:

fecha

....../ ....../ ....

Desayuno

· ·

· ·

· ·

· ·

CALORÍAS

Merende

· ·

· ·

· ·

· ·

CALORÍAS

Almuerzo

· ·

· ·

· ·

· ·

CALORÍAS

Cena

· ·

· ·

· ·

· ·

CALORÍAS

Actividad física/entrenamiento

· · · · · · · · · · · · · · · ·   · · · · · · · · · · · · · · · ·

· · · · · · · · · · · · · · · ·   · · · · · · · · · · · · · · · ·

· · · · · · · · · · · · · · · ·   · · · · · · · · · · · · · · · ·

· · · · · · · · · · · · · · · ·   · · · · · · · · · · · · · · · ·

DURACIÓN   CALORIE CONSUMATE

¿Has bebido lo suficiente?

1 BOTELLA = 0,5 L DE AGUA (RECOMENDACIÓN DIARIA: 1,5 - 2 L)

Cálculo calórico

CALORÍAS TOTALES ....

CALORÍAS OBJETIVO ....

DÉFICIT :)

EXCESO :(

Notas del día

Clima:

Sueño

DORMÍ .... HORAS

ME DESPERTÉ .... VECES

Peso:

.... KG

Medidor de felicidad:

0   10   20   30   40   50   60   70   80   90   100

Estado de salud:

Estado de ánimo:

NOTAS . . . .

. . . .

. . . .

NOTAS . . . .

. . . .

. . . .

Cosas positivas/ logros

Cosas negativas/ pasos atrás

NOTAS . . . .

. . . .

. . . .

. . . .

. . . .

NOTAS . . . .

. . . .

. . . .

. . . .

. . . .

Notas, aprendizajes, objetivos y mejoras

. . . .

. . . .

. . . .

. . . .

Día de dieta:

fecha

......./ ..../ ....

Desayuno

· ·

· ·

· ·

· ·
CALORÍAS

Merende

· ·

· ·

· ·

· ·
CALORÍAS

Almuerzo

· ·

· ·

· ·

· ·
CALORÍAS

Cena

· ·

· ·

· ·

· ·
CALORÍAS

Actividad física/entrenamiento

·   · · · · · · · · · · · · · · ·   · · · · · · · · · · · · · · ·

·   · · · · · · · · · · · · · · ·   · · · · · · · · · · · · · · ·

·   · · · · · · · · · · · · · · ·   · · · · · · · · · · · · · · ·

·   · · · · · · · · · · · · · · ·   · · · · · · · · · · · · · · ·
                                                 DURACIÓN   CALORIE CONSUMATE

¿Has bebido lo suficiente?

1 BOTELLA = 0,5 L DE AGUA (RECOMENDACIÓN DIARIA: 1,5 - 2 L)

Cálculo calórico

CALORÍAS TOTALES ....

CALORÍAS OBJETIVO ....

DÉFICIT ☺

EXCESO ☹

Notas del día

Clima:

Sueño

DORMÍ .... HORAS

ME DESPERTÉ .... VECES

Peso:

.... KG

Medidor de felicidad:

0   10   20   30   40   50   60   70   80   90   100

Estado de salud:

Estado de ánimo:

NOTAS . . . .

. . . .

. . . .

NOTAS . . . .

. . . .

. . . .

Cosas positivas/ logros

Cosas negativas/ pasos atrás

NOTAS . . . .

. . . .

. . . .

. . . .

. . . .

NOTAS . . . .

. . . .

. . . .

. . . .

. . . .

Notas, aprendizajes, objetivos y mejoras

. . . .

. . . .

. . . .

. . . .

Día de dieta:

fecha

......./ ..../ ....

Desayuno

· ·

· ·

· ·

· ·
CALORÍAS

Merende

· ·

· ·

· ·

· ·
CALORÍAS

Almuerzo

· ·

· ·

· ·

· ·
CALORÍAS

Cena

· ·

· ·

· ·

· ·
CALORÍAS

Actividad física/entrenamiento

· ·

· ·

· ·

· ·

DURACIÓN · CALORIE CONSUMATE

¿Has bebido lo suficiente?

1 BOTELLA = 0,5 L DE AGUA (RECOMENDACIÓN DIARIA: 1,5 - 2 L)

Cálculo calórico

CALORÍAS TOTALES · · · · · · · · · · · · · · ·

CALORÍAS OBJETIVO · · · · · · · · · · · · · · ·

DÉFICIT 🙂

EXCESO 🙁

Notas del día

Clima:

☀ ⛅ ☁ 🌧 🌨

Sueño

DORMÍ .... HORAS
ME DESPERTÉ .... VECES

Peso:

.... KG

Medidor de felicidad:

0   10   20   30   40   50   60   70   80   90   100
├──┼──┼──┼──┼──┼──┼──┼──┼──┼──┤

Estado de salud:

😊 🙂 😐 🙁

Estado de ánimo:

😊 🙂 😐 🙁

NOTAS . . . .

. . . .

. . . .

NOTAS . . . .

. . . .

. . . .

Cosas positivas/ logros

Cosas negativas/ pasos atrás

NOTAS . . . .

. . . .

. . . .

. . . .

. . . .

NOTAS . . . .

. . . .

. . . .

. . . .

. . . .

Notas, aprendizajes, objetivos y mejoras

....
....
....
....

Día de dieta:

fecha
......./ ..../ ....

Desayuno
· ·
· ·
· ·
· ·
CALORÍAS

Merende
· ·
· ·
· ·
· ·
CALORÍAS

Almuerzo
· ·
· ·
· ·
· ·
CALORÍAS

Cena
· ·
· ·
· ·
· ·
CALORÍAS

Actividad física/entrenamiento
· ·
· ·
· ·
· ·
DURACIÓN   CALORIE CONSUMATE

¡Has bebido lo suficiente?

I BOTELLA = 0,5 L DE AGUA (RECOMENDACIÓN DIARIA: 1,5 - 2 L)

Cálculo calórico

CALORÍAS TOTALES ....

CALORÍAS OBJETIVO ....

DÉFICIT :)

EXCESO :(

Notas del día

Clima:

Sueño

DORMÍ .... HORAS

ME DESPERTÉ .... VECES

Peso:

.... KG

Medidor de felicidad:

0 10 20 30 40 50 60 70 80 90 100

Estado de salud:

Estado de ánimo:

NOTAS . . . .

. . . .

. . . .

NOTAS . . . .

. . . .

. . . .

Cosas positivas/ logros

Cosas negativas/ pasos atrás

NOTAS . . . .

. . . .

. . . .

. . . .

. . . .

NOTAS . . . .

. . . .

. . . .

. . . .

. . . .

Notas, aprendizajes, objetivos y mejoras

. . . .

. . . .

. . . .

. . . .

Día de dieta:

fecha

....../ ..../ ....

Desayuno

· ·

· ·

· ·

· ·

CALORÍAS

Merende

· ·

· ·

· ·

· ·

CALORÍAS

Almuerzo

· ·

· ·

· ·

· ·

CALORÍAS

Cena

· ·

· ·

· ·

· ·

CALORÍAS

Actividad física/entrenamiento

· ·

· ·

· ·

· ·

DURACIÓN   CALORIE CONSUMATE

¡Has bebido lo suficiente?

Cálculo calórico

1 BOTELLA = 0,5 L DE AGUA (RECOMENDACIÓN DIARIA: 1,5 - 2 L)

CALORÍAS TOTALES ....

DÉFICIT 🙂

CALORÍAS OBJETIVO ....

EXCESO 🙁

Notas del día

Clima:

Sueño
DORMÍ .... HORAS
ME DESPERTÉ .... VECES

Peso:
.... KG

Medidor de felicidad:
0 10 20 30 40 50 60 70 80 90 100

Estado de salud:

Estado de ánimo:

NOTAS ....

....

....

NOTAS ....

....

....

Cosas positivas/ logros

Cosas negativas/ pasos atrás

NOTAS ....

....

....

....

....

NOTAS ....

....

....

....

....

Notas, aprendizajes, objetivos y mejoras

....

....

....

....

Día de dieta:

fecha
....../ ....../ ....

Desayuno

· ·
· ·
· ·
· ·

CALORÍAS

Merende

· ·
· ·
· ·
· ·

CALORÍAS

Almuerzo

· ·
· ·
· ·
· ·

CALORÍAS

Cena

· ·
· ·
· ·
· ·

CALORÍAS

Actividad física/entrenamiento

· ·
· ·
· ·
· ·

DURACIÓN   CALORIE CONSUMATE

¿Has bebido lo suficiente?

1 BOTELLA = 0,5 L DE AGUA (RECOMENDACIÓN DIARIA: 1,5 - 2 L)

Cálculo calórico

CALORÍAS TOTALES ....

CALORÍAS OBJETIVO ....

DÉFICIT 🙂

EXCESO 🙁

Notas del día

Clima:

○ ○ ○ ○ ○

Sueño

DORMÍ .... HORAS
ME DESPERTÉ .... VECES

Peso:

.... KG

Medidor de felicidad:

0 10 20 30 40 50 60 70 80 90 100
├──┼──┼──┼──┼──┼──┼──┼──┼──┼──┤

Estado de salud:

☺ ☺ 😐 ☹
○ ○ ○ ○

Estado de ánimo:

☺ ☺ 😐 ☹
○ ○ ○ ○

NOTAS . . . .

. . . .

. . . .

NOTAS . . . .

. . . .

. . . .

Cosas positivas/ logros

NOTAS . . . .

. . . .

. . . .

. . . .

. . . .

Cosas negativas/ pasos atrás

NOTAS . . . .

. . . .

. . . .

. . . .

. . . .

Notas, aprendizajes, objetivos y mejoras

....

....

....

....

Día de dieta:

fecha
....../ ....../ ....

Desayuno

· ·

· ·

· ·

· ·

CALORÍAS

Merende

· ·

· ·

· ·

· ·

CALORÍAS

Almuerzo

· ·

· ·

· ·

· ·

CALORÍAS

Cena

· ·

· ·

· ·

· ·

CALORÍAS

Actividad física/entrenamiento

· ·

· ·

· ·

· ·

DURACIÓN   CALORIE CONSUMATE

¡Has bebido lo suficiente?

1 BOTELLA = 0,5 L DE AGUA (RECOMENDACIÓN DIARIA: 1,5 - 2 L)

Cálculo calórico

CALORÍAS TOTALES ....

CALORÍAS OBJETIVO ....

DÉFICIT 🙂

EXCESO 🙁

Notas del día

Clima:

Sueño

DORMÍ .... HORAS

ME DESPERTÉ .... VECES

Peso:

.... KG

Medidor de felicidad:

0   10   20   30   40   50   60   70   80   90   100

Estado de salud:

Estado de ánimo:

NOTAS ....

....

....

NOTAS ....

....

....

Cosas positivas/ logros

NOTAS ....

....

....

....

....

Cosas negativas/ pasos atrás

NOTAS ....

....

....

....

....

Notas, aprendizajes, objetivos y mejoras

....

....

....

....

Día de dieta:

fecha

....../ ....../ ....

Desayuno

· ·

· ·

· ·

· ·

CALORÍAS

Merende

· ·

· ·

· ·

· ·

CALORÍAS

Almuerzo

· ·

· ·

· ·

· ·

CALORÍAS

Cena

· ·

· ·

· ·

· ·

CALORÍAS

Actividad física/entrenamiento

· · · · · · · · · · · · · · · · · ·   · · · · · · · · · · · · ·   · · · · · · · · · · · · · ·

· · · · · · · · · · · · · · · · · ·   · · · · · · · · · · · · ·   · · · · · · · · · · · · · ·

· · · · · · · · · · · · · · · · · ·   · · · · · · · · · · · · ·   · · · · · · · · · · · · · ·

· · · · · · · · · · · · · · · · · ·   · · · · · · · · · · · · ·   · · · · · · · · · · · · · ·

DURACIÓN   CALORIE CONSUMATE

¿Has bebido lo suficiente?

1 BOTELLA = 0,5 L DE AGUA (RECOMENDACIÓN DIARIA: 1,5 - 2 L)

Cálculo calórico

CALORÍAS TOTALES ....

CALORÍAS OBJETIVO ....

DÉFICIT 🙂

EXCESO 🙁

Notas del día

Clima:

Sueño

DORMÍ .... HORAS

ME DESPERTÉ .... VECES

Peso:

.... KG

Medidor de felicidad:

0 10 20 30 40 50 60 70 80 90 100

Estado de salud:

Estado de ánimo:

NOTAS ....

....

....

NOTAS ....

....

....

Cosas positivas/ logros

Cosas negativas/ pasos atrás

NOTAS ....

....

....

....

....

NOTAS ....

....

....

....

....

Notas, aprendizajes, objetivos y mejoras

....

....

....

....

Día de dieta:

fecha
....../ ..../ ....

Desayuno

· ·
· ·
· ·
· ·

CALORÍAS

Merende

· ·
· ·
· ·
· ·

CALORÍAS

Almuerzo

· ·
· ·
· ·
· ·

CALORÍAS

Cena

· ·
· ·
· ·
· ·

CALORÍAS

Actividad física/entrenamiento

· ·
· ·
· ·
· ·

DURACIÓN   CALORIE CONSUMATE

¿Has bebido lo suficiente?

1 BOTELLA = 0,5 L DE AGUA (RECOMENDACIÓN DIARIA: 1,5 - 2 L)

Cálculo calórico

CALORÍAS TOTALES ....

CALORÍAS OBJETIVO ....

DÉFICIT 🙂

EXCESO 🙁

Notas del día

Clima:

Sueño

DORMÍ .... HORAS

ME DESPERTÉ .... VECES

Peso:

.... KG

Medidor de felicidad:

0 10 20 30 40 50 60 70 80 90 100

Estado de salud:

Estado de ánimo:

NOTAS . . . .

. . . .

. . . .

NOTAS . . . .

. . . .

. . . .

Cosas positivas/ logros

Cosas negativas/ pasos atrás

NOTAS . . . .

. . . .

. . . .

. . . .

NOTAS . . . .

. . . .

. . . .

. . . .

Notas, aprendizajes, objetivos y mejoras

Día de dieta:

fecha

....../ ....../ ....

Desayuno

· ·

· ·

· ·

· ·
CALORÍAS

Merende

· ·

· ·

· ·

· ·
CALORÍAS

Almuerzo

· ·

· ·

· ·

· ·
CALORÍAS

Cena

· ·

· ·

· ·

· ·
CALORÍAS

Actividad física/entrenamiento

· ·

· ·

· ·

· ·
DURACIÓN   CALORIE CONSUMATE

¡Has bebido lo suficiente?

1 BOTELLA = 0,5 L DE AGUA (RECOMENDACIÓN DIARIA: 1,5 - 2 L)

Cálculo calórico

CALORÍAS TOTALES ....

CALORÍAS OBJETIVO ....

DÉFICIT   :)

EXCESO   :(

Notas del día

Clima:

Sueño

DORMÍ .... HORAS

ME DESPERTÉ .... VECES

Peso:

.... KG

Medidor de felicidad:

0 10 20 30 40 50 60 70 80 90 100

Estado de salud:

Estado de ánimo:

NOTAS ·

· ·

· ·

NOTAS ·

· ·

· ·

Cosas positivas/ logros

Cosas negativas/ pasos atrás

NOTAS ·

· ·

· ·

· ·

· ·

NOTAS ·

· ·

· ·

· ·

· ·

Notas, aprendizajes, objetivos y mejoras

Día de dieta:

fecha

......./ ..../ ....

Desayuno

· ·
· ·
· ·
· ·

CALORÍAS

Merende

· ·
· ·
· ·
· ·

CALORÍAS

Almuerzo

· ·
· ·
· ·
· ·

CALORÍAS

Cena

· ·
· ·
· ·
· ·

CALORÍAS

Actividad física/entrenamiento

· ·
· ·
· ·
· ·

DURACIÓN   CALORIE CONSUMATE

¡Has bebido lo suficiente?

1 BOTELLA = 0,5 L DE AGUA (RECOMENDACIÓN DIARIA 1,5 - 2 L)

Cálculo calórico

CALORÍAS TOTALES ....

CALORÍAS OBJETIVO ....

DÉFICIT 😊

EXCESO 🙁

Notas del día

Clima:

Sueño

DORMÍ .... HORAS

ME DESPERTÉ .... VECES

Peso:

.... KG

Medidor de felicidad:

0   10   20   30   40   50   60   70   80   90   100

Estado de salud:

Estado de ánimo:

NOTAS ....

....

....

NOTAS ....

....

....

Cosas positivas/ logros

Cosas negativas/ pasos atrás

NOTAS ....

....

....

....

....

NOTAS ....

....

....

....

....

Notas, aprendizajes, objetivos y mejoras

....

....

....

....

Día de dieta:

fecha
....../ ....../ ....

Desayuno

· ·
· ·
· ·
· ·
CALORÍAS

Merende

· ·
· ·
· ·
· ·
CALORÍAS

Almuerzo

· ·
· ·
· ·
· ·
CALORÍAS

Cena

· ·
· ·
· ·
· ·
CALORÍAS

Actividad física/entrenamiento

· ·
· ·
· ·
· ·
DURACIÓN   CALORIE CONSUMATE

¡Has bebido lo suficiente?

1 BOTELLA = 0,5 L DE AGUA (RECOMENDACIÓN DIARIA: 1,5 - 2 L)

Cálculo calórico

CALORÍAS TOTALES ....

CALORÍAS OBJETIVO ....

DÉFICIT ☺

EXCESO ☹

Notas del día

Clima:

○   ○   ○   ○   ○

Sueño

DORMÍ .... HORAS

ME DESPERTÉ .... VECES

Peso:

.... KG

Medidor de felicidad:

0   10   20   30   40   50   60   70   80   90   100

Estado de salud:

○   ○   ○   ○

Estado de ánimo:

○   ○   ○   ○

NOTAS ·

· ·

· ·

NOTAS ·

· ·

· ·

Cosas positivas/ logros

Cosas negativas/ pasos atrás

NOTAS ·

· ·

· ·

· ·

· ·

NOTAS ·

· ·

· ·

· ·

· ·

Notas, aprendizajes, objetivos y mejoras

Día de dieta:

fecha ..../ ..../ ....

(...............)

Desayuno

· ·
· ·
· ·
· ·

CALORÍAS

Merende

· ·
· ·
· ·
· ·

CALORÍAS

Almuerzo

· ·
· ·
· ·
· ·

CALORÍAS

Cena

· ·
· ·
· ·
· ·

CALORÍAS

Actividad física/entrenamiento

· ·
· ·
· ·
· ·

DURACIÓN   CALORIE CONSUMATE

¡Has bebido lo suficiente?

1 BOTELLA = 0,5 L DE AGUA (RECOMENDACIÓN DIARIA: 1,5 - 2 L)

Cálculo calórico

CALORÍAS TOTALES ....

CALORÍAS OBJETIVO ....

DÉFICIT :)

EXCESO :(

Notas del día

Clima:

Sueño

DORMÍ .... HORAS

ME DESPERTÉ .... VECES

Peso:

.... KG

Medidor de felicidad:

0   10   20   30   40   50   60   70   80   90   100

Estado de salud:

Estado de ánimo:

NOTAS ....

....

....

Cosas positivas/ logros

Cosas negativas/ pasos atrás

NOTAS ....

....

....

....

....

Notas, aprendizajes, objetivos y mejoras

Día de dieta:

fecha
....../ ....../ ....

Desayuno

· ·
· ·
· ·
· CALORÍAS

Merende

· ·
· ·
· ·
· CALORÍAS

Almuerzo

· ·
· ·
· ·
· CALORÍAS

Cena

· ·
· ·
· ·
· CALORÍAS

Actividad física/entrenamiento

· ·
· ·
· ·
· ·

DURACIÓN   CALORIE CONSUMATE

¿Has bebido lo suficiente?

1 BOTELLA = 0,5 L DE AGUA (RECOMENDACIÓN DIARIA: 1,5 - 2 L)

Cálculo calórico

CALORÍAS TOTALES ....   DÉFICIT 😊

CALORÍAS OBJETIVO ....   EXCESO 🙁

Notas del día

Clima:

Sueño

DORMÍ .... HORAS

ME DESPERTÉ .... VECES

Peso:

.... KG

Medidor de felicidad:

0 10 20 30 40 50 60 70 80 90 100

Estado de salud:

Estado de ánimo:

NOTAS . . . .

. . . .

. . . .

NOTAS . . . .

. . . .

. . . .

Cosas positivas/ logros

NOTAS . . . .

. . . .

. . . .

. . . .

. . . .

Cosas negativas/ pasos atrás

NOTAS . . . .

. . . .

. . . .

. . . .

. . . .

Notas, aprendizajes, objetivos y mejoras

....

....

....

....

Día de dieta:

fecha
......./ ..../ ....

Desayuno

· ·
· ·
· ·
· ·

CALORÍAS

Merende

· ·
· ·
· ·
· ·

CALORÍAS

Almuerzo

· ·
· ·
· ·
· ·

CALORÍAS

Cena

· ·
· ·
· ·
· ·

CALORÍAS

Actividad física/entrenamiento

· ·
· ·
· ·
· ·

DURACIÓN   CALORIE CONSUMATE

¿Has bebido lo suficiente?

1 BOTELLA = 0,5 L DE AGUA (RECOMENDACIÓN DIARIA: 1,5 - 2 L)

Cálculo calórico

CALORÍAS TOTALES ....

CALORÍAS OBJETIVO ....

DÉFICIT 🙂

EXCESO 🙁

Notas del día

Clima:

Sueño

DORMÍ .... HORAS

ME DESPERTÉ .... VECES

Peso:

.... KG

Medidor de felicidad:

0   10   20   30   40   50   60   70   80   90   100

Estado de salud:

Estado de ánimo:

NOTAS . . . .

. . . .

. . . .

NOTAS . . . .

. . . .

. . . .

Cosas positivas/ logros

Cosas negativas/ pasos atrás

NOTAS . . . .

. . . .

. . . .

. . . .

. . . .

NOTAS . . . .

. . . .

. . . .

. . . .

. . . .

Notas, aprendizajes, objetivos y mejoras

. . . .

. . . .

. . . .

. . . .

Día de dieta:

fecha
....../ ....../ ....

Desayuno

· ·
· ·
· ·
· ·
CALORÍAS

Merende

· ·
· ·
· ·
· ·
CALORÍAS

Almuerzo

· ·
· ·
· ·
· ·
CALORÍAS

Cena

· ·
· ·
· ·
· ·
CALORÍAS

Actividad física/entrenamiento

· ·
· ·
· ·
· ·
DURACIÓN   CALORIE CONSUMATE

¡Has bebido lo suficiente?

1 BOTELLA = 0,5 L DE AGUA (RECOMENDACIÓN DIARIA: 1,5 - 2 L)

Cálculo calórico

CALORÍAS TOTALES ....

CALORÍAS OBJETIVO ....

DÉFICIT 🙂

EXCESO 🙁

Notas del día

Clima:

Sueño

DORMÍ .... HORAS
ME DESPERTÉ .... VECES

Peso:

.... KG

Medidor de felicidad:

0   10   20   30   40   50   60   70   80   90   100

Estado de salud:

Estado de ánimo:

NOTAS ....

....

....

NOTAS ....

....

....

Cosas positivas/ logros

Cosas negativas/ pasos atrás

NOTAS ....

....

....

....

....

NOTAS ....

....

....

....

....

Notas, aprendizajes, objetivos y mejoras

....

....

....

....

Día de dieta:

fecha

......./ ..../ ....

Desayuno

....

....

....

....
CALORÍAS

Merende

....

....

....

....
CALORÍAS

Almuerzo

....

....

....

....
CALORÍAS

Cena

....

....

....

....
CALORÍAS

Actividad física/entrenamiento

....

....

....

....
DURACIÓN   CALORIE CONSUMATE

¿Has bebido lo suficiente?

1 BOTELLA = 0,5 L DE AGUA (RECOMENDACIÓN DIARIA: 1,5 - 2 L)

Cálculo calórico

CALORÍAS TOTALES ....

CALORÍAS OBJETIVO ....

DÉFICIT ☺

EXCESO ☹

Notas del día

Clima:

Sueño

DORMÍ .... HORAS

ME DESPERTÉ .... VECES

Peso:

.... KG

Medidor de felicidad:

0 10 20 30 40 50 60 70 80 90 100

Estado de salud:

Estado de ánimo:

NOTAS . . . .

. . . .

. . . .

NOTAS . . . .

. . . .

. . . .

Cosas positivas/ logros

NOTAS . . . .

. . . .

. . . .

. . . .

. . . .

Cosas negativas/ pasos atrás

NOTAS . . . .

. . . .

. . . .

. . . .

. . . .

Notas, aprendizajes, objetivos y mejoras

Antes

Después

Resultado final

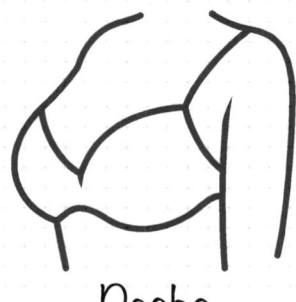

Pecho

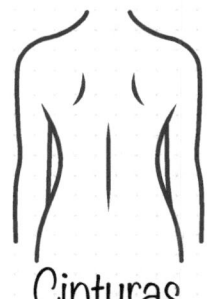

Cinturas

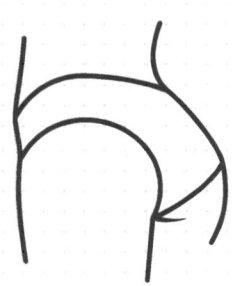

Trasero

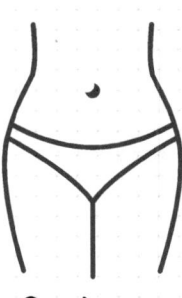

Caderas

Peso

IMC

Porcentaje de grasa
corporal

Impreso y editado por Books on Demand GmbH
info@bod.com.es - www.bod.com.es
Impreso en Alemania – Printed in Germany

ISBN: 978-8-4132-6047-1

Impressum

Feddback

feedback@mertens-publication.de

1. Auflage
2018 Mertens Verlagsgruppe
Mertens Ventures Ltd.
Tefkrou Anthia No 2 Office 301
6045 Larnaca
Zypern
E-Mail: kontakt@mertens-publication.de